Antes do orvalho, poesia no rosto

Ler pra Crer

Editora Appris Ltda.
1.ª Edição - Copyright© 2022 do autor
Direitos de Edição Reservados à Editora Appris Ltda.

Catalogação na Fonte
Elaborado por: Josefina A. S. Guedes
Bibliotecária CRB 9/870

M528a 2022	Melo Filho, Péricles Moreira de Antes do orvalho, poesia no rosto: ler pra crer / Péricles Moreira de Melo Filho. - 1. ed. - Curitiba: Appris, 2022. 72 p.: il., color. ; 21 cm. ISBN 978-65-250-2539-1 1. Poesia brasileira. I. Título.
	CDD – 869.1

Appris
editora

Editora e Livraria Appris Ltda.
Av. Manoel Ribas, 2265 – Mercês
Curitiba/PR – CEP: 80810-002
Tel. (41) 3156 - 4731
www.editoraappris.com.br

Printed in Brazil
Impresso no Brasil

Péricles Moreira de Melo Filho

Antes do orvalho, poesia no rosto

Ler pra Crer

Dedico este pequeno livro, mas grande em sentimentos, aos meus familiares e amigos; à minha Mãe, que gosta de poesia; ao meu falecido bisavô, José Alves, ou José de Miraflor, professor e poeta do qual herdei semelhante vocação; e a todos que anseiam por um coração puro e cheio de fulgores eternos, como o coração do nosso senhor JESUS.

Agradecimentos

À Gilvania Melo, que sempre acredita nos meus sonhos.

Sumário

1 A glória do ferido 12

2 Genovês 13

3 Atrevido Natimorto 14

4 Gustave 16

5 Quadro 17

6 Pássaro mudo 18

7 Modelar 19

8 Exorcismo 20

9 Andarilho 21

10 Balanço do mar 22

11 O espelho 23

12 Dança 25

13 Múltiplo 26

14 Lágrimas 27

15 Martírio 28

16 A continência que presto para ti 29

17 Templo 30

18 Gravidade 31

19 Ceará 32

20 Linguagem, a morada do ser 33

21 Mônadas cruas 34

22 Doce luz do Sol 35

23 Rítmica da solidão 36

24 A menina e o livro 37

25 O jovem rupestre 38

26 Expiação 39

27 Roleta russa 40

28 Bailarinos 42

29 Meu barco bêbado 43

30 Surfista prateado 44

31 Um som corrido a cavalo 45

32 De Joseph Conrad ao Vietnã 46

33 Será que penso 48

34 Colonizou a si mesmo 49

35 Egoico 51

36 Antologia da Árvore de Porfírio 52

37 Matemático 53

38 Âmbar 54

39 Pardais skatistas 55

40 Sol que segue 56

41 Claro e místico trovão 57

42 Motomania 58

43 O catador 60

44 Chuva 61

45 Recepcionar alguém nas nuvens 62

46 Felizes 63

47 Rio 64

48 A taça 65

49 Fusca 66

50 Corpo negro 67

51 Replicante 69

52 Neoquímica *versus* Exmachina 71

1
A GLÓRIA DO FERIDO

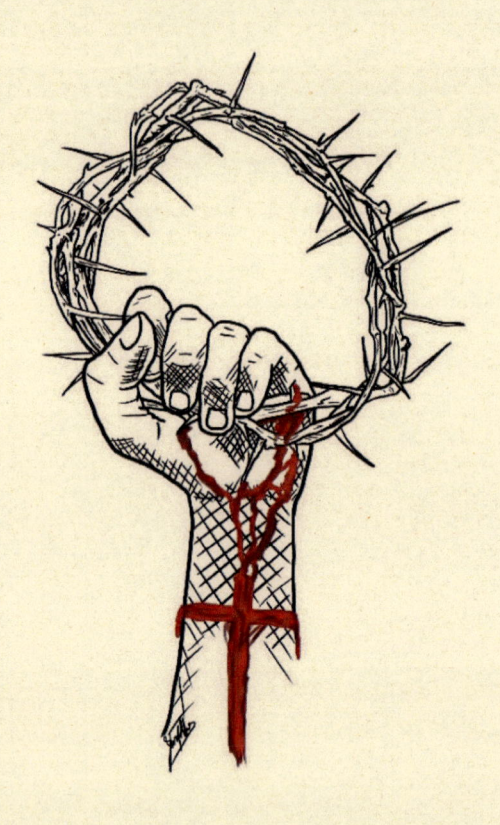

Arames oníricos tecem minha coroa de espinho paranoide
eu achava que iria unir o céu e a terra, só me restou a sorte.
Farpas afiadas saem de olhares sem consideração
minha boca cospe balas de prata que acerta o vampiro chauvinista.
Grande mar de solidão, olhares invernam minha alma
carrego cruz rubra de sangue cruzado, escorre nele lâminas que refletem
pernas pornográficas.
Tragam-me a cabeça de João Batista. A glória do ferido.

Péricles Moreira de Melo Filho

2
GENOVÊS

Bárbaros germânicos esfacelam a Pax Romana

Pax das Armas embriagada em sangue homérico

Pretorianos, quem semeia sangue, colhe armas.

Paquidermes de madeira

Cruzam as caudalosas espumas do Atlântico

Não tenha medo, navegador genovês

Pois já foi destilado o veneno do basilisco

O litoral é belo e seminu

Paraíso extremamente belo paradoxal

3
ATREVIDO NATIMORTO

Porque choras por mim Homem de sonhos
Eu sou incrivelmente etéreo como o refluir etílico do ventre santo
Sem nome para que tu possas difamar-me
Porque choras por mim Homem de sonhos
Sem nome sem lembranças por não ter nascido
Que tenho eu contigo atrevido natimorto se nem solene cerimônia
De ataúde branco onde se colocam corpinho de anjo compartilhamos
Foste se esvair em messa metálica fria como disseste incrivelmente etéreo
Não gastas tempo por ser tempo disforme isso foi triste por isso que choro
É transferido em quase sangue em quase nada
O suficiente para chamar de mãe natural sem estigmas de aberração
Eu que deveria chorar por ti homem de sonhos por todas tuas incertezas

Por toda sua luta cheia de intemperes nada espontâneo que te perse-
guem dia a dia
Não chores por mim homem de sonhos sou tua pureza nunca alcançada
livrou-me a sorte de nascer em terra triste de meia luz
a criança nua que nunca foi vestida sem cronograma sem status sem
fardos impostos
e tradições que me impediriam de crescer, não estou no retrato da família
fui colocado fora da roda de conversas quase sempre vazias
só não te esqueças homem de sonhos que te elevei toneladas acimas do
que aspiras
com meu espirito sumamente terno, mas leve que a luz do sol
e que um dia te chamarei de pai.

4
GUSTAVE

No substrato psíquico comum
Eu vi um golfinho nadando na Grécia do meu coração
Minhas lágrimas translúcidas
Viram animais correndo na relva
Sua silhueta ficava mais bela no movimento da luz arquetípica
As estrelas do meu próprio destino jazem em meu peito
Ele bate feliz.

5
QUADRO

Vem girando em uma aquarela ainda líquida de vapor fino, arte estonteante entre meus dois olhos, eu lírico dos tambores sem percussão, versos sem sons, cão que ladra na esquina, abana o rabo e depois te morde com fome de verbos e letras que me prendem em presas caninas, assim se pintou o quadro geral.

6
PÁSSARO MUDO

Não sabia cantar o canto metálico do uirapuru
Sabia ouvir, pousado em um galho finissimamente onírico
De longe, põe-se a escutar
Não sabia cantar o canto sintético do uirapuru
Sabia voar rasante e tocar a barriga no espelho d'água
Provocava uma ressonância quieta silenciosa
Não sabia cantar o sinfônico canto do uirapuru
Mas sabia ouvir e reverberar outros sons
Sabia ficar quieto, perto e distante ao mesmo tempo
Em outras palavras, discreto, escreve roteiros com um olhar suave
Ele está longe e perto, descansa em fulgores eternos.

(Péricles)

7
MODELAR

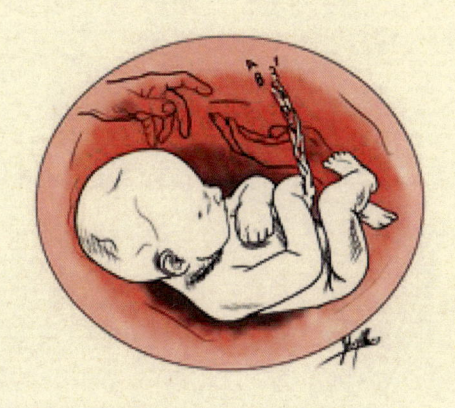

Colocaram-me em um útero macio
Gostei, mas não fiquei, era impossível
Deram-me linguagem
Gostei, mas não fiquei, pulei com metalinguagem
Deram-me uma casa
Gostei, mas não fiquei, aluguei barro de modelar
Repetiram a repetição condicionada
Foi impossível ficar
Bate coração na curva-vertigem tão rápido
Amizade com o fogo, a terra, a água e o ar
Não deu pra ficar
Cheiro nas narinas de aguarrás
Pernas para andar e mãos
Para modelar

8
EXORCISMO

Cansado de me procurar como a cura de doença crônica
Achei que deveria me perder
Basta de me procurar
Basta batida coração
Limpou ponte pichação
Infarto de latas de tintas secando no final
Basta batida, achei limpo coração
Desenhei no muro com dedo frio e nervoso
Uma pulsação junto à explosão de uma estrela
Final fulminante, exorcizei do ser o medo de não ser.

9
ANDARILHO

Minhas sinapses cerebrais pulsavam igual a um sapo
Quanto mais eu andava na ciclovia da BR-116
Mais neurônios e axônios se dilatavam
Em velocidades de carros velhos e carros novos
Quanto mais eu andava, mais eu encontrava a cura
Em estradas que se acabavam e se cruzavam
Iniciavam-se a cada passo mental interminavelmente rodoviário.

10
BALANÇO DO MAR

Um poeta ensinou-me a cantar com rimas benditas um balanço para lá e para cá

Parecia um balanço de rede embaixo de um belo luar

Um poeta ensinou-me a remar

Com a força do calcanhar, empurrou barco adentro para o mar de letras escalonar

De belezas in natura sobre o amor e suas desventuras, o poeta me ensinou a remar.

11
O ESPELHO

O espelho me olha
E, na fissura da imagem,
Vê o efeito da passagem.

O espelho me olha
E, na moldura da visão,
Vê as grades de uma prisão.

O espelho me olha
Através da máscara
Que pregara na cara.

O espelho me olha
E se assombra,
Pois só vê sombra.

O espelho me olha
E não percebe oculto
O homem por trás do vulto.

O espelho me olha
Bem dentro do olho,
Onde me encolho.

(Professor Emanoel Ramos)

12
DANÇA

Obrigado por me conceder mais uma dança por cima do caos, medo e desesperança

No crepúsculo que incidi sobre as longarinas velhas, peita o vento em suaves espumas

Na ponte metálica, corais corroídos me revelam medo da morte

Obrigado, pequena menina, por mais uma dança, por não se deixar morrer

Gritos coletivos, orações em uníssono

Agradeço pelas orações, canções e monções poéticas

Seus cabelos já estão sobre meus dedos

Seu olhar já é vívido e forte

Obrigado por essa dança, querida, por não me deixar só

Saio da tormenta com vontade de tirar coisas boas de mim, só para poder dançar com você.

Dance aos meus braços, dance bem devagar

Saindo do Hades, encontramos paisagens e horizontes para olhar

Obrigado, menina, por mais uma vez outra dança

Dance comigo para que eu possa sonhar.

(Poema para minha esposa, depois da recuperação)

13
MÚLTIPLO

Multiplicou a minha dor
Como o braço cansado do coveiro destro
Cansado de abrir cova.
Multiplicou o meu amor pelas aves no céu
Frutificou, imortalizou o genial Kafka
Com baratas múltiplas em meu caixão.

14
LÁGRIMAS

De todo líquido de olho seco de pólvora

Irrigam emoções, lavas, coração. Do mar salgado, bombeia motivo sincero.

Entre artérias, movimentas corpo vivo, rosto ruborizado vívido, emoções nos olhos secos da pólvora da guerra.

Todo líquido irriga lágrimas.

15
MARTÍRIO

Martírio de ato pensado,
Alvos de ledo plano,
Rastros de desgraçados...
... Insultos, milicianos;
É como caso, enterrado;
Locado no grito humano,
Leia-se retirados,
É como fossem cravados,
Almados num mundo insano.
Nada causa tanta ira,
Desterra, vai transbordando,
Etapa de um sonho morto,
Revolta que vem pulsando...
... Solta, aguerrida, gritada,
Ousando morte, afrontada,
Na vida que está lutando!
Partindo desse presságio,
Reviro, desenterrando
Espada, que nos matava...
... Sangrada ao revés, sangrando;
É como fosse enfincada,
Na terra que vai girando;
Tal qual recompor a alma,
Exausta, que luta honrando.

(Atnágoras Lopes)

16

A CONTINÊNCIA QUE PRESTO PARA TI

No comércio de cercas arcaicas, passam crianças em busca de desejos.

Quebram contratos, quebram convênios em uma dança tonta de saques urbanos.

Comerciantes de almas, vendedores de armas, a boca suja da farda antiquada, vibra em zigue-zague demente sobre telas de megabits.

Seu produto final, o sangue petroquímico, cheiro de óleo abissal, fica no charco preso como mosca no mel:

é a continência que presto para ti.

17
TEMPLO

A parede que coloquei minhas mãos é de puro branco. Carne de fruta em inércia vivida sem tédio.

Amor tátil sentido com mão e coração de um puro irmão. Amor por poesia que varria pétalas sedosas em um chão incrivelmente límpido.

Paredes peroladas em ângulos duramente belos e resistentes. As cores do salão são as cores que são marcadas nas digitais das mãos.

As paredes do templo seguem em um vasto campo. Não me sinto oprimido por sua extensão, nem muito menos preso em sua imensidão.

Vejo o comando de uma rocha eternal que cai em avalanches de teimosas ordens ao chegar ao chão. São cobertas por areias macias que cobrem alicerce em dunas. Cintila luz em minúsculos grãos de areia, o que um dia já foi um templo.

18
GRAVIDADE

Caio com nervos e tendões e dois pés

Sobre objetos que louvam o elemento terra

Poeiras no espaço, entre elas, meu cisco de areia e partículas de minhas mentiras

Não posso negar a gravidade que me sustém, tão sólido, tão líquido, tão gasoso.

Mas que me separa pelas doces monções de rios poéticos e então me abstraio e volto ao centro global

com movimentos de pistons acelerados, sintetizo os pensamentos que viajam no horizonte cardeais

mas logo neste mesmo movimento é reinserida a espada do rei no concreto duro e necessário

pois a força do teu pensamento está sendo desafiada a arrancá-la da rocha e continuar teu percurso sideral

quem se adianta, cavalheiros?

19
CEARÁ

Sonoplastia dos cavalos dos deuses
produzidas por uma banda de música agreste
Monolíticas paisagens compõem cenários
por essa trilha, por esse caminho adentro
Arbustos ao meu lado, pedras galhos secos
 Foi o tempo, o vento, que esculpiu em escalas quase musicais
Foi a poesia-música do zumbido do ar nas penas do carcará

O balanço oculto do terremoto mexeu o duro cristalino
Alicerces de sapatos gigantes, pousou de pé na pedra um leve bem-te-vi
Que violou em rompante um pequeno sossego
Umbuzeiros e cipós amarelados em harmonia, um anu alma-de-
-gato canta
No silêncio do chão de cascalho.

Pequenos répteis reúnem-se em grupos à meia distância
Todos com olhares e movimentos religiosos
Quanta reverência natural

Estralam sobre os calcâneos dos pés solo de mistérios jurássicos
Juramentos da cruz e o tempo nunca violados
Todas as veredas de preá levam á pedra do ingá
Todas as belezas deste lugar fazem-nos acreditar que pisou
Um suposto sábio heliofante que cultivou letra rendeira tão bela que hasteou
Uma bandeira com o nome Ceará.

20
LINGUAGEM, A MORADA DO SER

Rasgo véu do templo
Rasgo véu do relógio
Descubro no inconsciente a morada do ser
Planto poesias, toco cordas de um baixo na ressonância de um coração
Rasgo véu da linguagem, entro na morada do ser
Cavalos selvagens tracionam o ABC e o TCC
Carros egípcios levam cargas fenícias estocadas fora da livraria
Rasgo uma pedra para mim em Urim e Tumim.

21
Mônadas cruas

Apresenta-se diante de mim como raio e trovão
Não queres ser eu porque é renovação
Tomei essa rara decisão de te amar em juventude que já foi minha também
Só na Monadologia de Leibniz pude compreender tão grande inquietação.

22
DOCE LUZ DO SOL

Pequenas frestas deixam passar raios de sol, que são, para mim, espalha-brasas de festa de São João.

A olho nu, parecem paredes impenetráveis. A olho poético, são lindos prismas lutando por espaço que também é seu.

Batuques de cores, Ceará terra da luz, Ceará morada do Sol, luz que se reproduz aos lombos e medulas de minha posteridade.

A luz na fresta dança com o tempo, acompanha a doce luz do Sol e, por todo giro, espalha e versa as eternidades de tempos e sensações.

23
RÍTMICA DA SOLIDÃO

Quando pássaros matutinos se dissipavam

Em nuvens de luz em várias direções,

Ouvia cacofonias rápidas, som e asas em um tiro de pedra.

Eu vi a arte que voa no bater de suas asas

Na perspectiva de sua canção em bandos,

Onde minha dor virou uma música pungente.

Voam anarquicamente sem distinção, até riscar o solo.

Em sua rítmica, levaram minha dor e pungente canção.

24
A MENINA E O LIVRO

Sentada sem preocupação
Perto de minha casinha-papelão
Peguei um livro da minha tia
Era velho e pesado, passei a ler
Percebera que não havia espaço sem reino
E não havia reino sem espaço
Que havia barquinhos água e sal
Havia palavras em lutas que impulsionavam a nau
Havia homens em lutas
Havia reinos em lutas
Tantas labutas epopeias homéricas
Deixei o livro na sala e fui brincar com minhas borboletas
Batizei uma delas de Lusíadas, o nome do livro da tia
O livro era velho e pesado, as borboletas não são
Pois não havia espaço sem reino e reino sem espaço
E Lusíada, minha borboleta, preenchia todos eles
Essa borboletinha portuguesa voara em todos os espaços e reinos
E pousará na palavra coração.

25
O JOVEM RUPESTRE

O menino deixou a chinela a mamadeira
Deixou o bico o trem
Deixou a frauda a moto
Deixou o carro e a sorte para o mês que vem
Deixou de lado tudo que transporta e ficou em cadeira de vaivém
Deixou a sorte para o acaso
Deixou suas mãos pintadas na rocha rupestre
Deixou cinco dedos na História para contar que não tinha pressa
Só não deixou ninguém esperando e foi embora

26
EXPIAÇÃO

No chão, um tilintar de metais romanos
Do chão, cravos sórdidos
Pena capital em cruz de natureza morta
A ordem é levantá-lo entre olhares simoníacos
Batida seca de suspiros pasmos, cravos nas mãos
Suor de sangue que, justamente invertido, coagula os elementos em convulsão.
É uma dor incompreensível em larguras e extensão
Salvou meu amor mesmo distante
Apenas um olhar sem pupila da serpente de metal
Curou e salvou meu amor
Neste ato atemporal, são oito letras que fizeram meu amor mover-se a você imortal.

27
ROLETA RUSSA

Seria bom manifestar-me com sentidos

Sinto o prego na parede, sinto a história viva pulsante

Sinto o som das noventa e cinco teses

Ante à guerra, sinto paz que foge ao entendimento

Sinto o amor do salvador, um momento de louvou do pássaro doméstico

Sinto ruído do avião que passa, no passado, no presente, e chega acumulando

Cidades passantes, estação dos ventos que beija lábios, que visitou no frio a história triste do czar e de filhas de fino tratar, esvaiu da mão amoral o poder do czar Nicolau

Foi guiado por confortável cetim até ser hipnotizado por Rasputin

Sinto e aprendo com o passado que até uma família, rica Romanov

Se comove e morre por não perceber o ruído dos mais pobres

Seria bom ter sentido a riqueza dos sentidos, nos olhos dos aflitos

A compaixão verdadeira talvez teria evitado a perda da família inteira,
sucumbir e descer em
Um caixão de madeira, morre os Romanov em tambor de revólver de
roletas russas de escolhas letais da história
Sinto que a sua história passou que nem tatuagem
na pele, marcas do ontem.

28
BAILARINOS

Infinidade de movimentos belos e sincronizados, enquanto eu escrevo você baila.

Enquanto eu estou indo carregando infinidade de palavras desconexas, você está voltando dançando de forma harmônica e elevada.

A perspectiva do voo está em ambos os movimentos ensaiados: o movimento da palavra e o movimento dançado.

A palavra dançada de forma disléxica, procurando encaixar-se em linhas tortas de delíriostremilis.

Quantos giros em espirais intermináveis de canções.

Você dança com o corpo que dança ao vazio de palavras.

Juntos, corpo, dança e palavra, formulam seu roteiro dissertativo, frases vivas, elas são vivas, enquanto outras ficam no centro da razão, outras dançam e transpiram pelo corpo do verbo dos bailarinos que giravam até parar na sua linguagem antes do corpo corporal.

29
MEU BARCO BÊBADO

Águas sujas do rio da morte deixaram bêbado meu barco, das ruas nuas de enchentes amareladas de enxurradas cruas que invadem a rota do rio bêbado, surge delicada lavanderia que pousa em pedra posta em lama, canta rapidamente em cores preta e branca, sabre voa a superfície do meu barco cheio do cheiro da morte, que balança o rio bêbado da vida sem esperança.

30
SURFISTA PRATEADO

Arauto do universo, dei uma volta no verso, velocidade no planisfério único, romper barreira do som da luz que me conduz. em meia-volta plácida, trago a mesma novidade, solidão escudo invisível não deixa ver Shalabal, escuro escudo do universo, vasto sentimento de dor emocional. arauto veloz forte como explosões cósmicas, dei volta ao mundo em trilhões de matérias desorganizadas e não vi meu amor, quem me dera vê-la sentada, ao menos em cadeira de estar, a me esperar. vaga arauto sem rumo.

31
Um som corrido a cavalo

A língua do bardo amolou a lâmina
Que cortou o vento
Cipós e sons ao vento
Raízes no solo ao vento
A língua do bardo é uma raiz profunda
Acionou palavras de comando para um corcel selvagem
Com pintas brancas de luz no corpo
Corre ligeiro cavalo indômito
Leva à música e lira do bardo medonho
Bardo gordo que matou a fome do povo
Festa de coisas gordas, a pedra o bardo a lâmina
Tudo foi musical mesmo a lira parada sem movimento
A língua de bronze parada como um monumento.

32
De Joseph Conrad ao Vietnã

O horror que projetam do inconsciente a realidade
Mosquitos que consomem antes do fogo napalm, gasolina e benzeno

Um general adorado em cultos primitivos, sacrifícios estratégicos, ins-
trumentos humanos quase vivos, armas de colonização

No coração das trevas, espeço calor da morte ronda acampamento

Essa selva escura em horror carboniza um homem branco, carboniza
um homem negro, cinzas de corpos sem pira funerária

O horror que se celebra na mimética da morte
O holocausto ofertado para aplacar a sede de sangue predatório, ganância
no coração da selva escura

Batem em retirada gafanhotos de metais, até o próximo coquetel de
sangue que enche uma fenda na Terra

Embriagados no horror, olhos frios cerimoniais fitam o último acam-
pamento organizado, um corpo subiu quase morto com cheiro de birita,
pronto para a última expedição
Pronto para o fim.

33
SERÁ QUE PENSO

Será que penso como gotejar de chuva que se esvai
instantaneamente
será que penso o céu ou tenho somente
a imagem azul-turquesa
só penso em língua portuguesa
ou penso em sua beleza
será que só penso noite afora
e noite adentro para me despir do manto negro que me assusta
será que penso em morte como penso em vida
parace que meu pensamento não morre ler a vida
não quero ser como essa gente que só pensa com estômago e ventre,
devoram o mundo como máquina
de cortar capim
por favor, não pense em mim, pois a carruagem universal escreveu de
tinta cristal tudo que penso e transformou
em chuva que se esvai instantaneamente.

34
COLONIZOU A SI MESMO

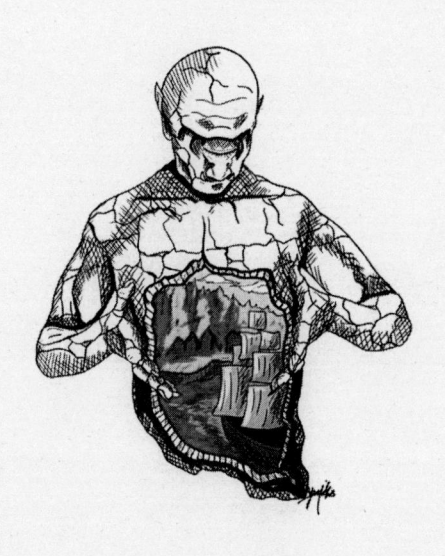

O batel vem deslizando em águas mansas, divide a espuma branca no breve chuá, onde a brisa mansa me remansa e se faz sonhar.

Chego de olhos vermelhos lagar para colonizar minha própria terra, onde nasci e vivo a remar.

No poente, ainda que escuro sol, velam por nós em âmbito igual, mesmo que casuais, estrelas cativas que giram pelo poder de uma estrela colossal.

O chão é seco e ressoante, a sede de poder secou o pote, que, de barro, virou pó e foi soprado pelo vento do norte. A sede continua cruciante. Apenas o grande mar de águas salgadas, é dele que me alimento, contra uma fome de náufragos delirantes.

E me ponho a remar em ritmo enfadonho na borda da saia de uma moça. Do alto vejo a orla de uma cidade princesa. Meu ritmo agora é alegre, minhas lágrimas prismam a luz, seus cabelos negros são.

Nos ombros de ciclopes gigantes, olho de cima e vejo uma ilha, minha cidade, um retiro triunfante. O arranha-céu não arranha o céu, é pretensão Babel. Em queda livre, percebo que sou a cidade inteira e, antes de bater no chão, descubro que sou uma superposição.

Morro como colono e colonizado.

35
EGOICO

O desejo de querer ser grande se fez pequeno, esmagado por outra pedra sedimentada que gravita minha humildade, sendo fuzilado por pistola nazista, dores urbanas, sendo expurgado por crucifixos de mármores em lugares

solitários.

Avanço com um turbilhão de pensamentos, a calma do Lexotan controlou a criança mendiga de rua do meu eu, egos congestionados em fluxos duplos da avenida principal.

Eu era o último da fila do filme do cinema, que exibia dois filmes: O Herói do Nada e o Suicídio do Soviético.

Sair do filme querendo ser grande, voltei para o final da fila sendo nada, esperando ser o primeiro que vestia a jaqueta amarela, abria a gaveta e tirava o revólver.

36
Antologia da Árvore de Porfírio

Atenção, homicidas de plantão: matei uma barata, corpo máquina q nada de substância, nada de remoço. É tão divertido quanto a nano-tecnologia da aranha robótica, Corpo máquina esmagar robôs, quebrar máquina sonho ludista, quebrar um carro por inteiro.

Matei um cachorro, mais completo de substância, mais completo de importância, um ato substancial, um ato sub-bestial. Engraçado, o dog. Abanava o rabo demonstrava afetividade, corpo máquina, afeto corpo, saudade corpo tristeza.

Matei um homem. Corpo máquina, homem sonha e talvez sonhar seja o Habeas corpus do corpo, homem memória, homem criação, homem vitruviano, homem paixão, homem razão, um amor de homem, um amor de pessoa, homem nossa imagem e semelhança. Matei um homem corpo máquina.

Para onde foi agora minha imagem e semelhança? Matei a mim, estou desolado. O ancião diz não se preocupe, o ancião segurou-me em seus braços e disse não se preocupe, filho, não se preocupe, filho do homem máquina, não se preocupe, filho do omem, o ancião diz até o dia seguinte.

37
Matemático

Sete passos que dei entre linhas e reticências...
Sete braços vitruvianos do zero fiz ausência
Três nomes que postei, quatro laços sinceros
Cinco pensamentos no cinzeiro a queimar e dissipar
Quatro laços são eternos que sigo a amar
Centésimas somas de razões incertas
Treze colônias que povoei e fixei em poemas matemáticos
Na folha que me ancorei, cinquenta e oito são estáticos
E o total não sei, para mim, são enigmáticos setenta e três...

38
ÂMBAR

Olhos, espelho da alma em revisão aguço visão reviso pelos meus, o espelho d'água cor de âmbar.

Ternura de amor, lágrimas de um coração brando bondoso.

Mesma alegria de ver a capela de Santa Sofia: à cúpula são olhos solares, os minaretes são proteção grego-islâmica.

A menina do olho espelha o mel do teu olhar, pintei este quadro a olho nu na antiga Bizâncio Istambul.

Meu olhar volta ao horizonte perpétuo infinito espelho da alma vi mel em teu olhar.

39
Pardais skatistas

presunção do adolescente corria da mediocridade bairrista, de um povo que queria crescer, mas não podia. bestializado com imagem do Batman em sua blusa preta, deslizando em suas rodas moscas, cheirando as partículas de compensado naval, prensado a sete capas, sete pisos de cores. Em cima de nossas cabeças, belos Pardais de fardas cinzas operárias. Embaixo de nossas cabeças, três skatistas dançam em calçadas de cores cinzas operárias. Que bela imagem do sagrado livre arbítrio.

40
SOL QUE SEGUE

Quando o sol surge e segue em céus de aflições terrenas
É dia é tarde segue o calor o trilho e trem que segue
Trilho dilatado condutor de força segue em céu e terra
Segue seu brilho, povo apressado, calor do dia da tarde.
Segue trem terreno, segue braços e vagões de aflições
Transpassa o trem o sol da esperança, segue seu som no ouvido da rocha.
Gentil vácuo, segue o vagão.
Sol que segue.

41

Claro e místico trovão

Claro e místico trovão
Aqui em Fortaleza, o trovão castiga. Cidade erguida pela força de um
súbito clarão
Incomparável e distante.

O medo assola as retinas vítreas.
O que pensam essas mulheres fortes, cativadas pelo loiro viking?
Novidades num nordeste incandescente e seco, onde miséria as fez fortes.
Para Odin, cujo reino asgardiano é opulência,
Surge o semideus em nórdicos trovões e relâmpagos.
São sons de novidades e de vida, pois já nasce meu filho na fartura.
E o batizo de Thor.

42
Motomania

Barulho da descarga de minha moto, ladeira abaixo, rua de barro com capim, que limpava meus pés tremendamente sonoros.

Veredas de alegrias, coração juvenil buscando coragem na imagem de um leão.

Ladeira abaixo gritavam gritos infantis, corações leves, dentes truncados

Na decida escape, sob som de muita alegria, trazia a junção do interior com a capital, velocidade deverasmente urbana, mas na rua abaixo só veredas de barro e de capim, tudo isso explodindo em um coração juvenil em mim.

Ladeiras serpenteadas, parecia que estava a dois, era eu moto, era eu máquina meio a meio, molas que me tencionavam.

Nessa decida libertadora, não havia o despudor de políticos ruins, nem conversas ruins, nem moscas de bicheiras ruins.

Só um frio na barriga descer ladeira ao vento. Cavalo de ferro selado me sustentava, mas quem o sustentava era a queima do combustível que sustenho do fóssil da terra o qual agora no ar dissipa o vento silvestre.

Passeio de moto em ladeira afora, saído do leito da palavra monótona, mas ninguém poderá dizer que não brinquei em novas causas adolescentes em transitórias

MOTOMANIAS.

Acabou a gasolina da tinta escura, voltaremos empurrando com a força das palavras criativas. Voltaremos empurrando com a força das mãos que seguem a curva.

43

O CATADOR

Entre músicas natalinas que escuto distante, perto estou de um lugar ermo.

Onde minha mão rasga saco de lixo preto, chorume do perfume da produção industrial.

Esperando achar a origem do consumo adoecido, minha mão rasga por dentro, mina flexões da mente que vasculha por fora, quem vomitou todos esses pensamentos febris e alucinados em cima de nós, quando foi o dia da semana que perdemos a sanidade, onde está a causa do meu apetite insano.

Até quando esperar o raio de sol que secará o fóssil suburbano.

Eu dentro e em cima do lixo que compõe o absurdo da fibra social, sou um catador natalino.

Que a estrela da árvore de Natal caia em minha cabeça, tire do estômago da máquina todo o produto obtuso

e transforme em adubo para teu jardim de flores, que rompeu o negro saco do lixo da morte espiritual.

44
CHUVA

Chuva é algo maravilhoso: com gotículas finas caindo em espelho d'água morna de rio circundado por vegetação agreste, seu espelho reflete céu negro de águas que serão suas, caído de gotejo, agora mais forte, em leito aquecido por grãos de areias cintilantes, logo seu ciclo e fusão são representados por milhares de gotas levemente sonoras que se comunicam com o cantos das aves aquáticas e o borbulhar dos peixes famintos por oxigênio novo, que sopram a chuva, a nuvem, a vegetação e o pulmão do poeta que contempla com respiro fundo a batida emocional de chuva no leito, transformando em uma elevada emoção, término molhado de lágrimas nativas tiradas do rosto de um xamã, que dança em ciranda criança alegre por água.

45
RECEPCIONAR ALGUÉM NAS NUVENS

Recepcionar alguém nas nuvens
desprendendo os pés do chão ou o peito cheio de emoção foi descobrir a
sua concepção.

Trazer você à luz entrelaçado em nossos braços com os quais
te apoiamos na força do amor que redime amor que não reprime teu
perfume celestial, um olho materno outro paterno e finalmente, seu
olhar angelical que nos tira de um pulsar normal.

Seja bem-vindo, Júlio Péricles.

46
FELIZES

Meu futuro é interminavelmente esperançoso, glorioso e sincero, mas o tosco e sórdido e decadente presente é vida moldável de massa crua orgânica é memória presente, é matéria organizável para o devir, o viver realizado é feliz de maneira geral, é um vir a ser cheio de talentos incríveis, não posso nunca deixar de chorar por ele, pois ele será presente do futuro e memória.

47
RIO

Vento negro bronze Rio Negro bronze águas Solimões

Encontro potente de dois rios do Amazonas antagônicos Unidos, raiz Barro vegetal.

Descendo com toda a força a foz, empurrando oceano quilômetros adentro.

Força que só conseguiu na união de dois rios distintos, força Negra Solimões.

48
A TAÇA

Bebe taça amarga de vinho de dor adormecida
enebriantes palavras me levam de um lado a outro
buscas vazias batem na porta de sentidos traídos
eis um homem acorrentado à sóbria e pouca criatividade
morre de morte morrida, louco em sua escrita, berra pela caba-
lística hebraica e morre de morte matada
taça da embreaguez sagrada. levanto a taça como um sacerdote
de mãos impuras, que caía sobre nossas cabeças.
a maldição dos poetas malditos, quem bebe dessa taça nunca
mais ficará sóbrio,
que circunde em nossos nervos a embreaguez de edgar allan poe,
em túmulos góticos de franceses mal pagos.
esta é minha invocação da imagem sobre nós, meu amigo poeta.
beberemos juntos à taça de dionísio.

49
Fusca

A placa do fusca do Mujica 1653
três de trindade,
cinco de punho fechado para cima
seis de utopias também,
Um de uno com seu povo e natureza de política muito além do jardim
não se fazem mais fuscas como antigamente, nem presidente também
poder das rosas, meu bem-querer
floresce junto aos mendigos que criamos hoje,
olhando de vitrines de apartamentos
tediosas esperanças urbanas sufocam corações em concreto
onde posso pegar carona neste fusca.

50
CORPO NEGRO

Sai do cosmos panteão de radiação de um corpo negro.

Sem virtudes, sem vícios, sem maniqueísmos, não é Aspásia em virtudes homéricas.

Muito menos a devassa imperatriz Messalina, sem juízo em palácios romanos.

Não é cor de paredes de palácios interiores, não é cor de parede aplicada em dupla mão em palácios exteriores.

É pele herdada de fina pele, em útero.

É cor de homem em pleno corpo.

É um amigo meu chamado nego negror.

É Makro makror negror e makror.

Não é ausência de luz, onde branco não é cor. Não é ausência de negror, onde negro não é cor, nem muito menos cor de consciência.

É presença fina, é luz no seu olhar, são olhos fitos na glória celestial, que traz toda a luz de um corpo negro, todo corpo miscigenado em uma luz negra.

Radiante estrela é corpo de meu amigo negror e makror.

51
REPLICANTE

Replico difusos erros em passos de réplicas e tréplicas.

Minha consciência se retrata, mas logo replico no mesmo instante, dia, mês, ano, reproduzo os mesmos desafetos. Segunda, terça e sexta replicaram novas estrofes de violão quebrando como um interminável refrão.

Transcrevo velhas e tolas tradições. Replico ciclos de palestras sem plateia. Vivencio vícios em uma dança tonta.

No mesmo torvelinho que gira a força da ignorância, lavo roupa suja, visto roupa suja.

É o mesmo ontem, hoje e para sempre.

É o mesmo estupor de pensamentos.

É tudo que se acumula em mim e pede réplica, a ideia fixa da década do século e dos milenares descontentamentos.

É giro dos relógios em ponteiros que nunca se encontram, mas dentro de todo meu erro, nasce uma pequena flor chamada poesia, que me liberta e me joga em um colchão chamado fantasia.

Repente giro, anunciam-se novos replicantes.

Agora posso dormir em paz.

52
Neoquímica versus Exmachina

Quando a pergunta
não tem resposta, o silêncio toma conta
Neste belo instante
Começa uma briga para ocupar o espaço.
Dois deuses como samurais, de pronto, levantam-se
Quem vencerá enfim

Exmachina alimenta-se de ondas de elétrons na ponta do meu controle remoto é um negócio mágico o outro Neoquímica é só pedir cápsula via oral tem em cada esquina.

Botei Exmachina para dormir, tudo ficou escuro

Neoquímica me botou para dormir, vou ver se acordo talvez com algum resquício de luz metafísica

Quando a pergunta não tem resposta e dois deuses brigam,

para o meu consolo, lembro com mais esperança que existe o mar.